Inhalt

Teleservice für Maschinen und Anlagen

Kernthesen

Beitrag

Fallbeispiele

Weiterführende Literatur

Impressum

Teleservice für Maschinen und Anlagen

I.Zeilhofer-Ficker

Kernthesen

- Unter Teleservice versteht man die Überwachung, Wartung, Diagnose und Reparatur durch Datenaustausch aus der Ferne.
- Die Möglichkeiten des Teleservice für industrielle Anwendungen haben sich durch neue Kommunikations- und Funktechniken wesentlich verbessert.
- Durch die Ausschöpfung der Teleservice-Möglichkeiten lassen sich kostspielige Maschinenausfälle und Wartungs- und Reparaturkosten vermeiden.
- Eine wesentliche Erleichterung und Verbesserung für den Teleservice erwartet

man durch die Nutzung von Augmented Reality.

Beitrag

Was bringt Teleservice im industriellen Bereich

Serviceleistungen als Umsatz- und Gewinnträger

Der unvorhergesehene störungsbedingte Ausfall einer Maschine oder Anlage geht oft mit großen Kosten einher, nicht nur durch die anfallenden Reparaturkosten, sondern zusätzlich durch den damit verbundenen Produktionsausfall. Auch das Bedienen neuer Maschinen ist selten ohne anfängliche Hilfestellung des Maschinenherstellers zu bewerkstelligen. Ein immer größer werdender Anteil an elektronischen Bauteilen erfordert häufige Software-Updates oder Programmänderungen. Ein umfassendes Serviceangebot, das bei der Lösung all dieser Probleme hilft, ist deshalb zum schlagkräftigen Verkaufsargument der Maschinen- und Anlagenbauer geworden. (4)

Für die Maschinenbau-Unternehmen andererseits wird der Serviceumsatz immer öfter zum wichtigen zweiten Standbein, das nicht selten schon über 30 Prozent zum Gesamtumsatz beiträgt. Auch die im Vergleich zum Neumaschinenverkauf sehr üppigen Gewinnmargen von 10 bis 30% sind für die meisten Unternehmen genug Ansporn, ihr Serviceangebot auszubauen. (1)

Viele Maschinenbauer haben deshalb in den vergangenen Jahren innovative Servicepakete geschaffen, die auf die neuesten technischen Entwicklungen bauen. Der Teleservice hat sich dabei als wichtiger Teilbereich entwickelt, durch den Maschinenausfallzeiten reduziert, Schulungs-, Wartungs- und Reparaturkosten minimiert werden können. (4), (5)

Die Prognosen sind entsprechend positiv: man rechnet mit einer Steigerung des weltweiten Marktes für Maschine-zu-Maschine-Kommunikation von 3,4 Milliarden Dollar in 2002 auf über 28 Milliarden Dollar in 2007. Und schon bald werden Automaten untereinander mehr Daten austauschen als Menschen untereinander. (5)

Teleservice für Industrieanwendungen noch in den Kinderschuhen

Bereits in den 80er Jahren wurden Systeme entwickelt, die es dem Servicetechniker erlaubten, sich in einen angeschlossenen PC einzuwählen und aus der Ferne eine Diagnose des Gerätes vorzunehmen. Beruhte das Problem auf einem Software- oder Bedienungsfehler, so konnte die Störung oft sofort behoben werden, obwohl der Servicemann Hunderte von Kilometern entfernt war. Das Prinzip der Diagnose, Wartung und Reparatur aus der Ferne wurde unter dem Namen Teleservice bekannt. (1)

Im produzierenden Gewerbe steht der Teleservice allerdings erst am Anfang. Denn erst die neuesten Entwicklungen der bidirektionalen Maschine-zu-Maschine-Kommunikation (M2M) sowie der Funktechniken ermöglichen den sicheren, zuverlässigen und profitablen Einsatz von Teleservice auch an schwer zugänglichen oder unter extremen Temperaturbedingungen arbeitenden Maschinen und Anlagen. (6)

Mit dem Internet steht mittlerweile ein Medium zur

Verfügung, um umfangreiche Daten und Informationen standardisiert als XML- oder Java-Dateien allgemein zugänglich zu machen. Moderne kabellose Datenübertragungstechniken wie Bluetooth, WLAN, GSM oder GPRS haben die anfänglichen technischen, rechtlichen und Sicherheitsprobleme gelöst und garantieren die zuverlässige, vollständige und sichere Übertragung von Daten und Informationen ohne Kabelverbindung auch über weite Strecken hinweg. (2), (3), (6), (19)

Was kann Teleservice

Den Teleservice kann man in verschiedene Teilbereiche untergliedern, die alle nach dem gleichen Prinzip arbeiten. An der Maschine werden Daten über Sensoren aufgenommen und per Kabel, Telefon- oder Funkübertragung an ein Datennetz weitergeleitet. Der Servicetechniker hat Zugriff auf diese Daten und kann auf dem umgekehrten Weg Daten zur Maschine zurücksenden. Diese digitale bidirektionale Kommunikation von Maschine zu Maschine bildet die Grundlage für Teleservice-Anwendungen.

Zur Visualisierung werden die Daten so aufbereitet, dass sie per Internet/Intranet jederzeit abrufbar sind. Für die Datenübertragung werden neben konventionellen Ethernet-Verbindungen moderne Drahtlostechniken im industriellen Bereich immer wichtiger. (11)

Anlagenüberwachung

Die kontinuierliche Zustandsüberwachung hat sich in den meisten vollautomatischen Produktionsprozessen als Standard durchgesetzt. Wird eine Abweichung von der festgelegten Norm festgestellt, wird eine Alarmmeldung an den Maschinenbediener oder Serviceexperten ausgelöst. Mithilfe von Teleservice kann die komplette Überwachung der Anlage sowie die Auswertung der gelieferten Prozessdaten von jedem beliebigen Ort aus erfolgen. Durch die professionelle Auswertung der Daten ist es möglich, die Notwendigkeit von Wartungsmaßnahmen früh genug zu erkennen und für einen passenden Zeitpunkt einzuplanen. (6), (7)

Dies ist vor allem dort von großer Wichtigkeit, wo die Anlage schwer zu erreichen ist oder unter widrigen Umgebungsbedingungen arbeitet. Geplante Wartungsmaßnahmen können hier im Vergleich zu ungeplanten Störungen wesentlich zur Kostensenkung beitragen. (10)

Fernwartung

Für die weitverzweigten IT-Netzwerke von Großunternehmen ist es längst Standard, dass Softwareupdates oder Upgrades zentral über das Datennetz vorgenommen werden. Störungen können oft dadurch behoben werden, dass sich der Techniker in den entsprechenden PC einwählt und Bedienungsfehler korrigiert. Diese Technik funktioniert natürlich auch bei Industriemaschinen, die mit der entsprechenden Steuerungs- und Kommunikationselektronik ausgestattet sind. Immer mehr Unternehmen gehen dazu über, ihre Maschinen und Anlagen per Intranet/Internet zu vernetzen. Maschineneinstellungen, Steuerungsanpassungen, Software Updates und Upgrades können so zentral für alle Anlagen vorgenommen werden. Der aktuelle Standort der Maschine spielt dabei keine Rolle. (8), (12)

Vor allem mittelständischen Unternehmen erschließt sich so die Möglichkeit, mit ihren Kunden rund um den Globus Servicevereinbarungen zu treffen, ohne jeweils einen Servicetechniker im Land vorhalten oder enorme Reisekosten in Kauf nehmen zu müssen. (8), (9)

Ferndiagnose und Telereparatur

Wird ein Servicetechniker durch einen Alarm von einer Störung benachrichtigt, kann er sich direkt in die Steuerung der Maschine einwählen und die möglichen Ursachen der Störung abfragen. Oftmals wird die Ferndiagnose durch zusätzliche Visualisierungssysteme ergänzt, die beim Finden von mechanischen Defekten gute Dienste leisten. Ein paralleler Zugriff erlaubt dem zuständigen Mann vor Ort zu verfolgen, wie die Störungsursache ermittelt wird. Gleichzeitig kann er Fragen zum Maschinenzustand beantworten. (9), (15)

Ist die Störungsursache erst zweifelsfrei festgestellt, ist die eigentliche Reparatur meist nur noch eine Kleinigkeit, die oft vom Bedienungspersonal vorgenommen werden kann. Doch selbst wenn ein Spezialist zur Reparatur anreisen muss, wird er die notwendigen Ersatzteile bereits zur Verfügung haben und die Maschine schnell wieder zum Laufen bringen. Lange Stillstandszeiten werden so weitestgehend vermieden. (9), (12)

Fallbeispiele

Die Siemens Automation & Drives bietet sowohl Regelsysteme mit der Möglichkeit zur Fernwartung an als auch Komponenten für Industrial WLAN. Diese robusten Komponenten können in Temperaturbereichen von minus 20 bis plus 60 Grad eingesetzt werden. (6)

126 Windkraftanlagen der Firma Enertrag Energiedienst GmbH werden durch ein Zustandsüberwachungssystem der Firma SKF GmbH überprüft. Die fortlaufend gesammelten Daten werden im Kontrollraum analysiert und per Internet visualisiert. Über eine Hotline können SKF-Experten jederzeit zur Analyse und Steuerung in das System eingreifen. (7)

Die Firma Trumpf in Ditzingen hat alle Maschinen in den Standorten in USA, Taiwan, Schweden und der Schweiz zu einer virtuellen Fabrik vernetzt. Die Maschineneinstellungen können so zentral von Ditzingen aus immer wieder optimiert und angeglichen werden. (8)

Der Maschinenhersteller Kilian aus Köln liefert nur noch Tablettenpressen aus, die mithilfe des mitgelieferten ISDN-Routers und des Visualisierungs-

PCs von Köln aus diagnostiziert und gewartet werden können. Die Ausfallzeiten der Maschinen sind dadurch wesentlich geringer und die meisten Störungen können per Ferndiagnose und -wartung beseitigt werden. (9)

Die Firma Tixicom bietet mit dem Tixi-Alarm-Modem ein Gerat, das über die Alarmfunktion hinaus durch optionale Module die Möglichkeit zur Datenspeicherung sowie zur grafischen Visualisierung bietet. (15)

Von MAN Logistics kann ein Visualisierungssystem für Hochregallager bezogen werden. Neben der automatischen Störungsmeldung erlaubt das System die Standort unabhängige Fehlerortung und -analyse. Die Fernwartung kann je nach Kundenwunsch über Router, Modem, ISDN oder Internet erfolgen. (16)

Das Messtechnik-Systemhaus Caesar Datensysteme hat ein umfangreiches Lieferprogramm für die Umwandlung von analogen Sensordaten in digitale Signale sowie deren Verarbeitung. Die verschiedenen Signalaufbereitungs- und Messdatenerfassungssysteme enthalten umfangreiche Ferndiagnose- und Fernwartungs-Funktionalitäten. (17)

Auch für Autofahrer gibt es den Teleservice schon.

BMW bietet die 5er-, 7er- und 6er-Baureihe mit einem Fahrzeugdiagnosesystem an, das automatisch die Werkstatt informiert, wenn Verschleißteile gewechselt werden müssen. Hat das Fahrzeug eine Panne, können Fehlerdaten zur Reparaturvorbereitung an den Pannendienst geschickt werden. (18)

Bei den Ford-Werken wird an einem Remote-Expert-System gearbeitet, das durch Augmented Reality bei der Montage neuer Produktionsanlagen helfen soll. Die gleiche Technik wird von dem Werkzeugmaschinenbauer Gühring zur Fehlersuche und Reparatur getestet. (14)

Weiterführende Literatur

(1) Expertenkonferenz online - Teleservice als wichtiges neues Geschäftsfeld der Maschinenhersteller
aus Instandhaltung, Heft 6/2003, S. 9

(2) Mobilkommunikation - Lasst Maschinen sprechen
aus Maschinenmarkt Nr. 6 vom 02.02.2004

(3) O. V., Themen und Statements auf dem Wireless Technologies Kongress 2003 - Der "Kabellos"-Kongress, elektro automation, Heft 2, 2004, S. 28
aus Maschinenmarkt Nr. 6 vom 02.02.2004

(4) Wachstum ohne Grenzen
aus Maschinenmarkt Nr. 17 vom 19.04.2004

(5) Funktechnik macht automatische Bestellung und Wartung leichter Optimistische Prognosen für Machine-to-Machine-Sparte
aus Financial Times Deutschland vom 16.03.2004, Seite BE5

(6) O. V., Netzwerktechnologien ermöglichen im Servicefall eine schnelle Behebung von Fehlern an Produktionsanlagen - Fernwartung steigert Effizienz und spart Kosten, Computer Zeitung, Heft 51, 2003, S. 20
aus Financial Times Deutschland vom 16.03.2004, Seite BE5

(7) Scheufler, Angela, Zustandsüberwachung von Wälzlagern und Antriebskomponenten in Windenergieanlagen, KEM Konstruktion Elektronik Maschinenbau, Heft 1, 2004, S. 28
aus Financial Times Deutschland vom 16.03.2004, Seite BE5

(8) Neues von der virtuellen Fabrik
aus CYBIZ 03 vom 02.04.2004 Seite 028

(9) O. V., Echtzeit-Steuerung von Tablettenpressen - Unter Hochdruck, elektro automation, Heft 1, 2004, S. 60
aus CYBIZ 03 vom 02.04.2004 Seite 028

(10) Neue Technik ermöglicht Maschinenwartung per Internet Hersteller reagieren schneller auf Störungen
aus Financial Times Deutschland vom 19.03.2004, Seite BE2

(11) Beuthner, Andreas, Einsatz von Laptops und Kleincomputern in der Servicetechnik trägt zu verringerten Maschinenausfallzeiten bei, Computer Zeitung, Heft 51, 2003, S. 20
aus Financial Times Deutschland vom 19.03.2004, Seite BE2

(12) O. V., O + P Gespräch: Entwicklungstendenzen bei Baumaschinen, o + P Ölhydraulik und Pneumatik, Heft 2, 2004, S. 76
aus Financial Times Deutschland vom 19.03.2004, Seite BE2

(13) Suche nach der 3. Dimension - Augmented Reality für industrielle Anwendungen
aus Elektronik Praxis Nr. 04 vom 25.02.2004 Seite 054

(14) Augmented-Reality-Anwendungen in der Industrie
aus c't - Magazin für Computertechnik, 16/2003, S. 80

(15) Schneller Alarm
aus Maschinenmarkt Nr. 15 vom 05.04.2004

(16) Leichtle, Georg, Visualisierung im Hochregallager - wissen, was läuft, Distribution, Heft 2, 2004, S. 44
aus Maschinenmarkt Nr. 15 vom 05.04.2004

(17) O. V., CAN, WLAN und Internet in der Messtechnik - Messen und Ferndiagnose im Netz, elektro automation, Heft 2, 2004, S. 46
aus Maschinenmarkt Nr. 15 vom 05.04.2004

(18) Hilfe für Vielfahrer: Diagnose via Funk
aus Berliner Morgenpost, Jg. 106, 07.02.2004, Nr. 37, S. A3

(19) O. V., Experten-Interview zu den Wireless-Technologien im Automatisierungsbereich - Drahtlos - aber wo und wie?, elektro automation, Heft 2, 2004, S. 23
aus Berliner Morgenpost, Jg. 106, 07.02.2004, Nr. 37, S. A3

Impressum

Teleservice für Maschinen und Anlagen

Bibliografische Information der deutschen Nationalbibliothek

Die Deutsche Nationalbibliothek verzeichnet diese Publikation in der deutschen Nationalbibliografie; detaillierte bibliografische Daten sind im Internet über http://dnb.d-nb.de abrufbar.

ISBN: 978-3-7379-1034-7

© 2015 GBI-Genios Deutsche Wirtschaftsdatenbank GmbH, Freischützstraße 96, 81927 München, www.genios.de

Alle Rechte vorbehalten. Dieses Werk ist einschließlich aller seiner Teile – z.B. Texte, Tabellen und Grafiken - urheberrechtlich geschützt. Jede Verwertung außerhalb der Grenzen des Urheberrechtsgesetzes bedarf der vorherigen Zustimmung des Verlags. Dies gilt insbesondere auch für auszugsweise Nachdrucke, fotomechanische Vervielfältigungen (Fotokopie/Mikroskopie), Übersetzungen, Auswertungen durch Datenbanken oder ähnliche Einrichtungen und die Einspeicherung und Verarbeitung in elektronischen Systemen.